A mi esposo,
Diego Mansilla

Las maravillas de una sencilla sombrilla amarilla

Yanitzia Canetti
Ilustrado por Ana López Escrivá

everest

En una lejana villa
vivía una linda chiquilla.

De su nombre no me acuerdo,
pero sí de su sombrilla.

Era una enorme sombrilla
forrada en tela amarilla,

pero ya estaba tan vieja
que parecía escobilla.

—¿Qué haré con esta sombrilla
forrada en tela amarilla
si cuando cae la lluvia
se moja mi naricilla?

—lloraba en un portalillo
aquella pobre chiquilla—.
Y si sale el solecillo
es realmente un problemilla,

pues se me quema el tobillo
y también la pantorrilla,

y ni hablar de mis mejillas
y mi graciosa barbilla.

¡Tanto calor me derrite
igual que la mantequilla!
¡Qué distinto fuera todo
si sirviera mi sombrilla!

Iba por el caminillo
mirando sus zapatillas
cuando casi aplasta un grillo
que dormía una siestilla.

La niña pidió disculpas
y contó su pesadilla:

—Ay, grillo, grillito, grillo
¡se me rompió mi sombrilla!
Tiene tres agujerillos
y están rotas sus varillas.

¿Qué se puede hacer ahora
con esta inútil sombrilla?

Aquel ocurrente grillo
le cantó una cancioncilla
con algunos estribillos
y una alegre musiquilla:

—Con una vieja sombrilla
puedes hacer maravillas.

—Bien podrías, por ejemplo,
hacer lindas florecillas
para decorar los muebles,
los cojines y almohadillas.

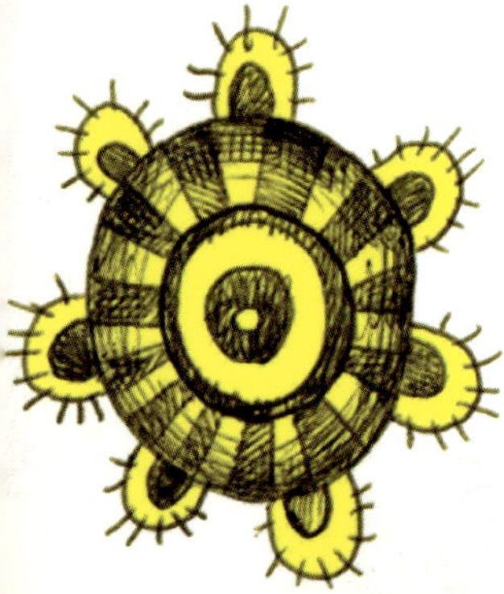

¡Con una vieja sombrilla puedes hacer maravillas!

—Puedes hacer un barquillo
y pasar a la otra orilla
cuando el viento sople fuerte
lindas velas amarillas.

¡Con una vieja sombrilla
puedes hacer maravillas!

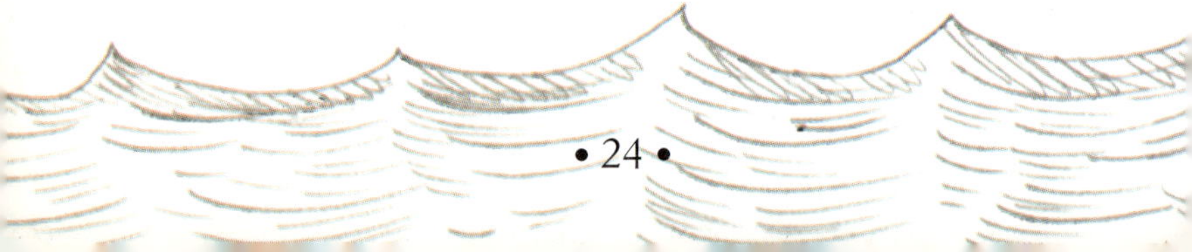

—Puedes hacerle un bolsillo
al pantalón de mezclilla
para guardar un cepillo
y unas cuantas monedillas.

¡Con una vieja sombrilla
puedes hacer maravillas!

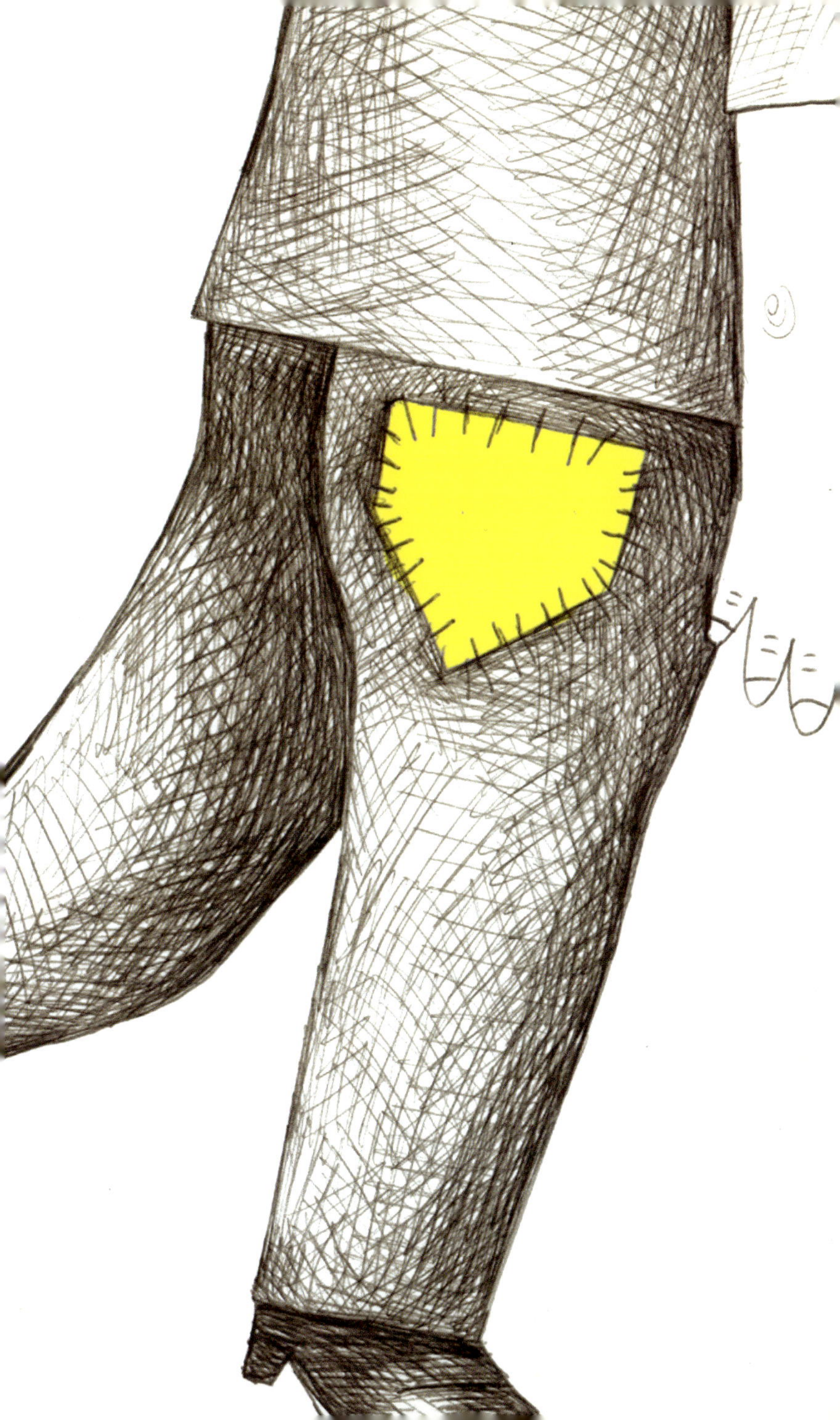

—Puedes hacer, te propongo,
una bolsa o una cestilla
donde quepan vegetales,
dulces, panes y frutillas.

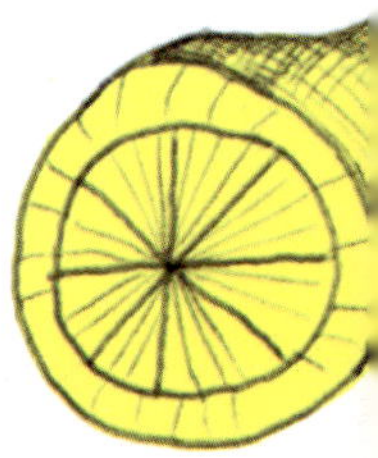

¡Con una vieja sombrilla
puedes hacer maravillas!

—O quizás una mantilla
con algunos encajillos
para pasear por la villa
con un lindo vestidillo.

¡Con una vieja sombrilla
puedes hacer maravillas!

—A tu brillante cabello,
puedes hacerle una hebilla
y pegarle canutillos,
adornos y piedrecillas.

¡Con una vieja sombrilla puedes hacer maravillas!

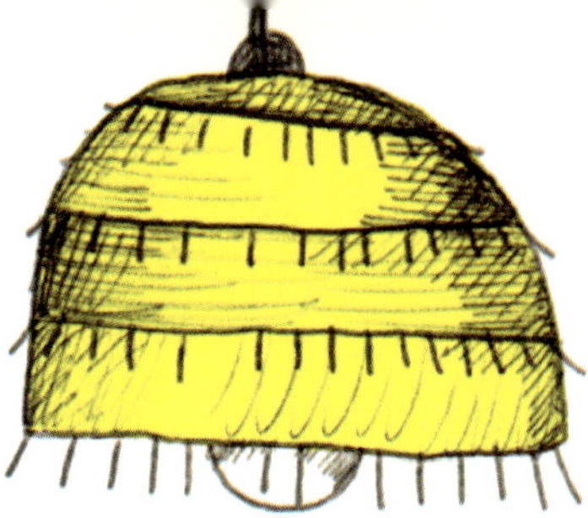

—Puedes hacer lamparillas
y agregarles tres bombillos.

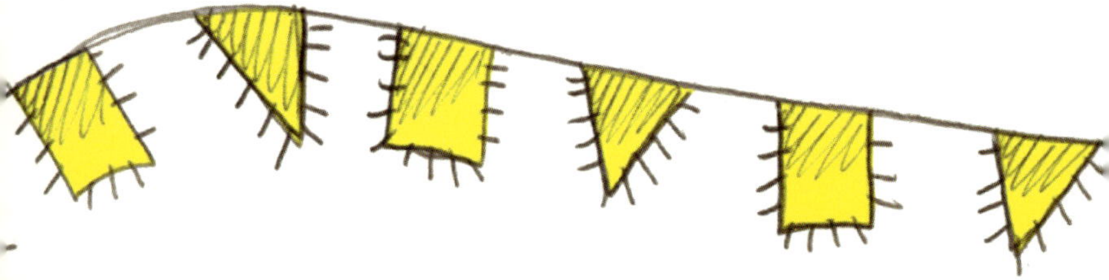

—Puedes hacer banderillas para salas y pasillos.

—Puedes hacerte un anillo
o tal vez una manilla

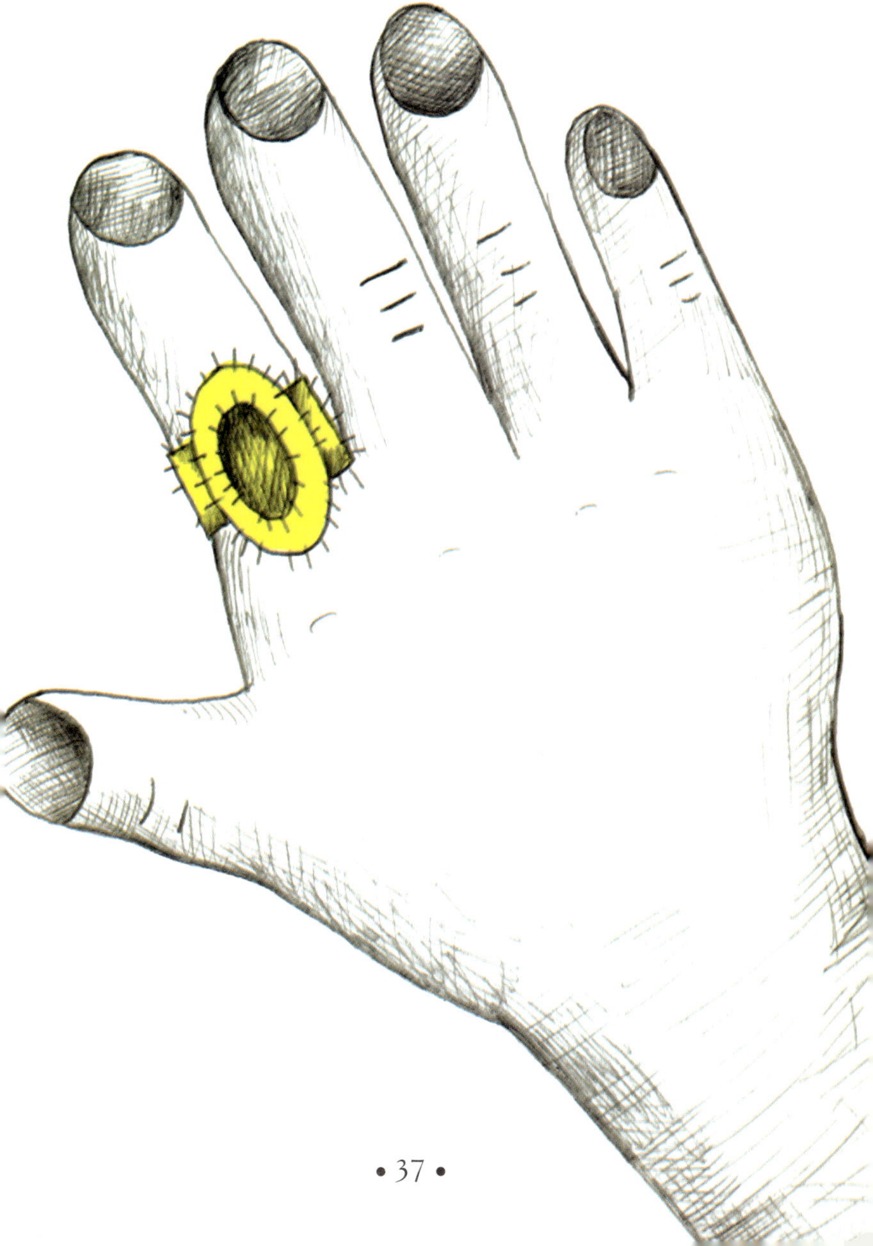

o quizás un sombrerillo

o tapizar una silla.

—Puedes hacerte un cintillo
o una simple cobijilla
o un pequeño mantelillo
o bonitas figurillas.

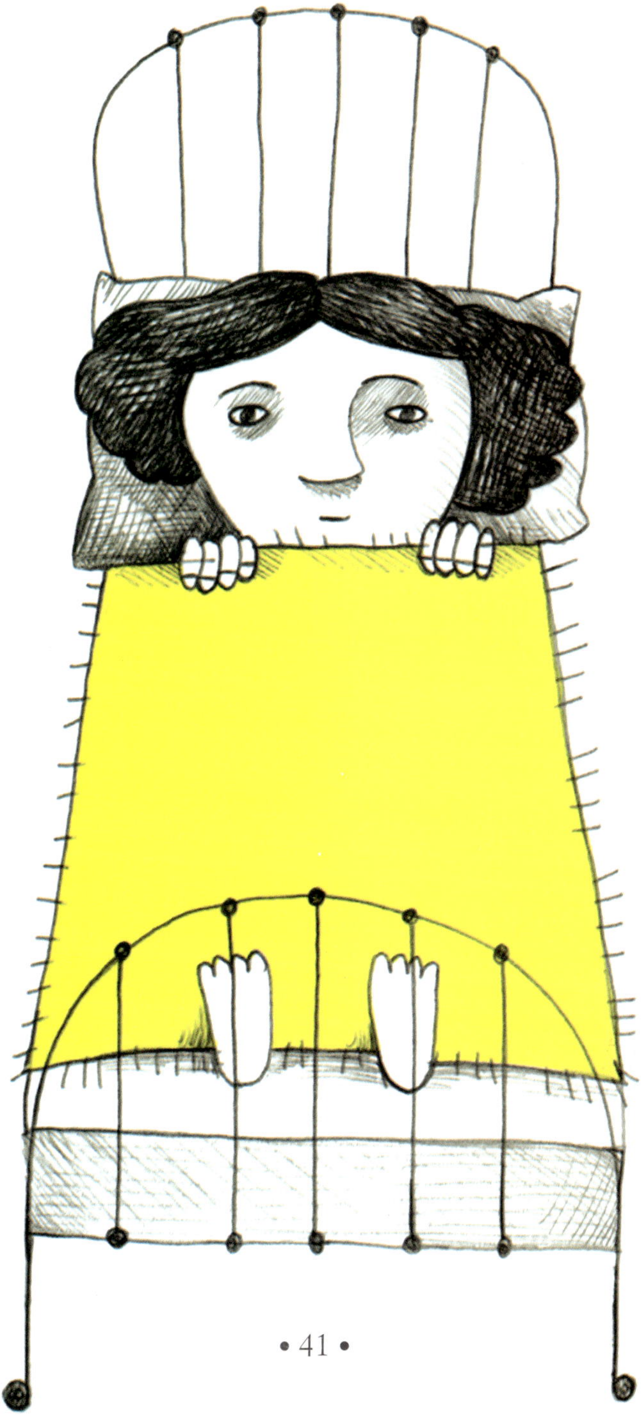

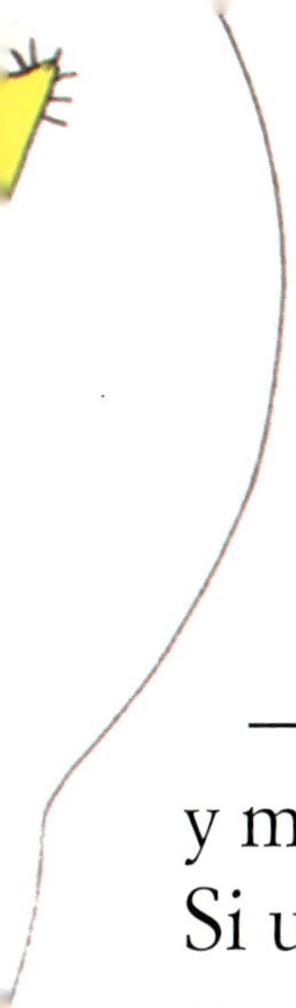

—No importa que ya esté rota
y muy vieja tu sombrilla.
Si usas tu imaginación,
¡puedes hacer maravillas!

—Ay, gracias, querido grillo
—le respondió la chiquilla—,
por tus buenos consejillos
y tu alegre cancioncilla.
Mas trataré de coserla
y arreglarla con presillas
pues la verdad que me encanta
esta sombrilla amarilla.

Pero antes quiero hacerte
reír con muchas cosquillas.